¿Cómo se mueven?

Jalar

Sarah Shannon

Heinemann Library
Chicago, Illinois

Editorial: Rebecca Rissman and Siân Smith
Picture research: Liz Alexander
Translation into Spanish by DoubleOPublishing Services
Designed by Joanna Hinton-Malivoire
Printed and bound by South China Printing Company Limited

13 12 11 10 09
10 9 8 7 6 5 4 3 2 1

ISBN-13: 978-1-4329-3543-6 (hc)
ISBN-13: 978-1-4329-3549-8 (pb)

Library of Congress Cataloging-in-Publication Data

Shannon, Sarah.
  [Pulls. Spanish]
  Jalar / Sarah Shannon.
      p. cm. -- (¿Cómo se mueven?)
  Includes index.
  ISBN 978-1-4329-3543-6 (hb) -- ISBN 978-1-4329-3549-8 (pb)
  1. Motion--Juvenile literature. 2. Force and energy--Juvenile literature. I. Title.
  QC133.5.S53618 2009
  531'.11--dc22
                                2009007708

Acknowledgments
The author and publisher are grateful to the following for permission to reproduce copyright material: ©Alamy pp.**16** (Neil McAllister), **9** (PhotoAlto), **6** (UpperCut Images); ©Capstone Global Library Ltd. p.**18** (Tudor Photography 2004); ©Corbis pp.**4**, **13** (Frédéric Soltan/Sygma), **15**, **20** (Randy Faris); ©GAP Photos pp.**21** (FhF Greenmedia), **19** (Richard Bloom); ©Getty Images p.**7** (Ron Levine/Riser); ©iStockphoto.com pp.**17** (Benoit Rousseau), **14** (Edyta Linek); ©Photolibrary pp.**8**, **23** (Dan Dalton/Digital Vision), **11** (Digital Vision/Per Breiehagen), **5** (F1 Online), **10** (FogStock LLC), **12** (Huntstock RF).

Cover photograph of huskies reproduced with permission of ©Punchstock (Image Source). Back cover photograph reproduced with permission of ©Capstone Global Library Ltd. (Tudor Photography 2004).

Every effort has been made to contact copyright holders of any material reproduced in this book. Any omissions will be rectified in subsequent printings if notice is given to the publisher.

Contenido

Mover

Las cosas se mueven de distintas maneras.

Las cosas se mueven en muchos lugares.

Jalar

Puedes jalar cosas para moverlas.

Puedes jalar con fuerza para moverlas.

Puedes jalar cosas cuesta arriba
para moverlas.

Puedes jalar cosas hacia afuera
para moverlas.

Puedes jalar hacia arriba para moverte.

Juntos podemos jalar cosas
para moverlas.

Pesado y liviano

Las cosas pesadas son difíciles de jalar.

Los barcos pesados son difíciles de jalar.

Las cosas livianas son fáciles de jalar.

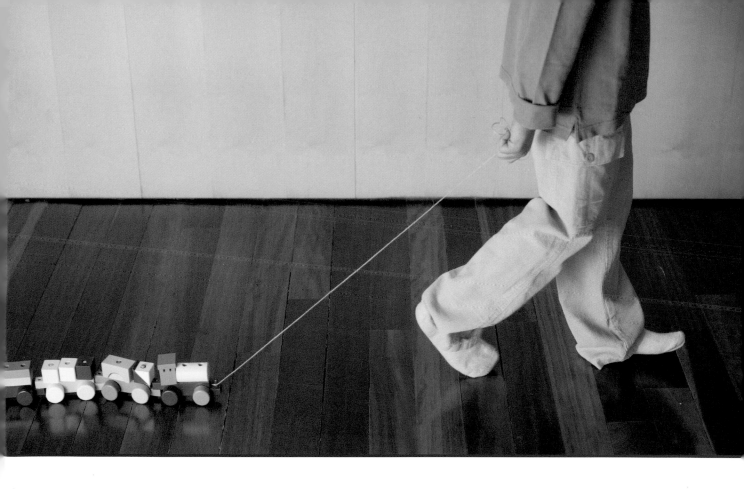

Los juguetes livianos son fáciles de jalar.

Grandes jalones

Un gran jalón puede hacer que cosas pesadas se muevan.

Un gran jalón puede hacer que cosas se muevan más rápido.

Detener

Puedes detener cosas de un jalón.

Puedes detener un carrito de un jalón.

Mover cosas de un jalón

Puedes mover personas de un jalón.

Puedes mover cosas de un jalón.

¿Qué aprendiste?

- Un jalón puede hacer que algo se mueva.

- Un jalón puede hacer que algo se detenga.

- Un gran jalón puede mover cosas pesadas.

- Un gran jalón puede hacer que las cosas se muevan más rápido.

Glosario ilustrado

jalar hacer que algo se mueva hacia ti

Índice

Nota a padres y maestros
Antes de leer
Explique a los niños que jalar es una manera de hacer que las cosas se muevan. Represente acciones de jalar (p. ej., jalar una maleta, jalar un trineo, jalar del brazo). Pida a los niños que adivinen sus representaciones. Después, pregunte a los niños si es más fácil jalar algo pesado o liviano.

Después de leer
Infle un globo y átelo a una cuerda. Pida a los niños que se turnen para jalar el globo en distintas direcciones. ¿Pueden jalarlo lentamente? ¿Rápidamente? Mientras los niños jalan el globo, pídales que digan la dirección en que se mueve.